中里南子・長谷川恭子 編著　　中村昭彦・小野隆司 著

音楽の基礎と 楽しい伴奏

入門編

幼稚園教諭・保育士・小学校教諭・養成校のために

Stylenote

はじめに

　保育士、幼稚園、小学校教諭の職に就くためには、常に目前でイキイキと歌う子どもの姿を意識し、子どもの多様な表現を発展させることのできる、幅広い技術が必要となります。例えば、スピード感を持った読譜力はもとより、より多くの子どもの歌のレパートリーを持ち瞬時に伴奏付けができる技術や、子どもたちが苦しそうに声を張り上げて歌っているのであれば、即座に無理なく歌える音域に移調し、子どもの表現を上手に引き出してあげられるような技術が必要となります。

　しかし、大学に入学して初めてピアノを習う学生たちにとって、こういった現場で必要な幅広い演奏技術を短い学生生活の中で獲得することは、決して容易なことではありません。簡単な子どもの歌を楽譜通りに演奏できるようになったとしても、子どもたちの声にあった音域に即座に移調して、子どものイキイキとした歌声に寄り添いながら演奏することは、夢のまた夢かもしれません。

　そこで私たちは、ピアノを習い始める早い段階から、決して「機械的な訓練」ではなく「音楽を楽しみ」ながら移調の感覚に慣れていただけるよう、工夫を凝らしたテキストを作成しました。読者の皆さんが将来子どもたちとともに音を楽しみ、子どものイキイキとした歌声を引き出してあげられるような、素晴らしい援助者となるために、本書を役立てていただけますよう、心より願っています。

2023 年 2 月

執筆者一同

本書の構成

　まず第1章において、音楽の基本的な仕組みについての理解を深めます。1〜8（12〜34ページ）では、〈楽典〉と呼ばれる音楽の基礎知識をコンパクトにまとめています。「9 レッスン」（35ページ）は、これらの知識を実践として学ぶ課題です。音楽の基礎知識は、関わり合うことで音楽となっていきます。本書の課題も、1つの課題の中に複数の基礎知識が含まれているものがあります。1〜8のタイトルの横には、該当する課題の番号が書かれていますので、学びに合わせて課題を選んでください。歌う、ピアノで弾く、体を動かすなどの課題や、付録のリズムカードを使って創作する課題もあります。複数人で取り組んだり子どもとも行えるような内容のものもありますので、楽しみながら、いろいろな使い方をしてください。

　次に第2章では、ハ長調の簡単なメロディや和音（主要三和音）を片手ずつ弾けるようにしていきます。そして、ハ長調のメロディや和音をニ長調・ヘ長調・ト長調に移調して弾けるようにしていきます。早い段階から移調の感覚に慣れていただくためです。

　もちろん、いきなり何も見ずに移調して演奏することは、初心者にとって容易なことではありませんから、それぞれの課題すべてに移調した楽譜が掲載されています。しかし、旋律を単純に移調して演奏するだけでは、機械的な訓練になってしまい「音で楽しむ」ことからかけ離れてしまいます。

　そこで、本書では、ハ長調をニ長調・ヘ長調・ト長調に移調したメロディすべてに、1曲1曲まったく異なった素敵な伴奏楽譜が掲載されています。例えば第2章の「1 右手で簡単メロディ」（54ページ）を見てみましょう。1〜15番のハ長調の簡単メロディでは、伴奏楽譜も一緒に掲載されています。ハ長調が弾けるようになったら、次にニ長調に移調（70ページ）して弾いてみますが、これもハ長調とはまったく異なったニ長調の伴奏楽譜が掲載されています。86ページからのヘ長調やト長調も同様です。

　第2章の「3 左手でコード」（127ページ）を見てみましょう。ここでは、始めにハ長調の主要三和音を弾けるようにしていきますが、たとえ和音であっても伴奏楽譜が掲載され、伴奏に合わせながら楽しく主要三和音に慣れていけるようになっています。和音も次にニ長調に移調（131ページ）して弾いてみますが、これにもハ長調とはまったく異なったニ長調の伴奏楽譜が掲載されています。134ページからのヘ長調やト長調も同様です。

　このように、移調された同じメロディ（和音）であっても、すべてに異なった伴奏楽譜が掲載され、とても贅沢な一冊となっています。また、これらの伴奏は動きのある曲、ゆったりとした曲、ブルースやボサノヴァ、ポップス風の曲だったりと、その雰囲気もさまざまです。どの伴奏も、オーソドックスでよく聞いたことのあるコードをベースに作成されていますが、その中でも「オッ？」と感じてもらえるような、例えば料理のスパイスのような刺激を感じてもらえるような、いたず

らっ子の遊び心満載の伴奏となっています。ですから、学習者は毎回「今度はどんな音楽になるんだろう！」とわくわく感を感じながら「機械的な訓練」ではなく「音楽を楽しみながら」移調の感覚に慣れていただけるようになっています。同時に、素敵な楽しい伴奏に合わせて、自然と学習者の表現が引き出さていきます。

　ちなみに、これらの伴奏楽譜は、中級程度の演奏レベルです。ですから指導者が演奏してもよいのですが、できれば中級程度以上（初級者以外）の生徒たちに演奏してもらいましょう。そうすることで、中級程度以上の生徒たちにとっても、初見や表現の学びになります。またクラス内において、初級レベルの生徒やそれ以外のレベルの生徒たちが混在していたとしても、それぞれのレベルにあった学びが展開できることになります。

　そして第3章には、できるだけ皆さんのよく知っている子どもの歌を掲載してあります。第2章において片手で簡単なメロディや和音を弾き、移調の感覚にも十分慣れてきたところですので、ここではメロディ（右手）と和音（左手）を一人で弾き、さらに移調奏にもチャレンジします。

　本書を1冊学習し終える頃には、子どもたちの声にあった音域に移調して、子どもの歌声に寄り添いながら演奏することが、夢のまた夢ではなくなっているかもしれません。

リズムカードについて

　巻末に付録の「リズムカード」は、本書から切り離して使用してください。

　一番大きな横長の「楽譜カード」は、4小節の楽譜になっています。カード下の「←拍子記号カードを置く」という指示に従い、「拍子記号カード」を楽譜カードの左側に置いてください。このとき、拍子記号カードの横線と楽譜の横線を合わせて置くようにしましょう。各小節にリズムパターンが書いてあるリズムカードを1枚ずつ置くと、4小節のリズム譜ができあがります。

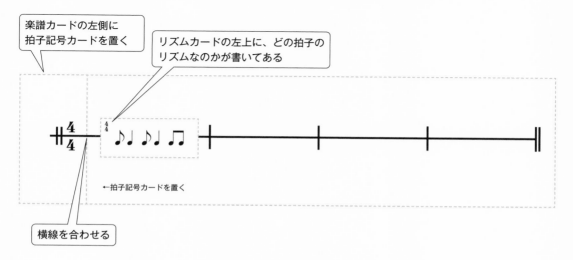

　リズムカードには、空欄になっている予備があります。自分でリズムパターンを作って書き込むなどして使用してください。

　本書ではリズムカードをレッスン8で使用しますが、各小節に配置する以外にも、1枚ずつでフラッシュカードとしても使用できます。いろいろな使い方をしてみてください。

　また、楽譜カードの裏側には鍵盤図が印刷されています。鍵盤が手もとにないときに和音の鍵盤位置を確認したり、音程を考える際の参考にしたりなど、本書とともに活用してください。

目　次

第1章
音楽の基礎を知ろう

1 | 譜表と音名

（1）譜表

①五線・加線

　私たちが普段使っている楽譜は、五線で書かれている。これを**五線譜**と呼ぶ。音符は**五線**か**間**^{かん}に配置するが、音符が五線に触れる範囲を超える場合は**加線**を追加して表示する。五線譜の各名称は、次の通り。

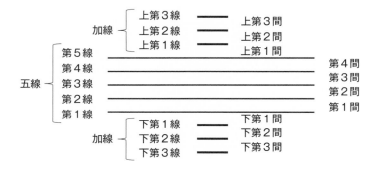

②音部記号

➡ レッスン 1、2

　五線に記された音符の高さは、音部記号の種類で決まる。ここでは、**ト音記号**と**ヘ音記号**を取り上げる。

ト音記号

ヘ音記号

　ト音記号は書き出しが日本音名の「ト」、ヘ音記号は書き出しが日本音名の「ヘ」を示す。日本音名については、14 ページ「（2）音名」を参照。

③譜表と大譜表

　五線の左端に音部記号が書き込まれたものを**譜表**と呼ぶ。音部記号の名称をつけて、ト音記号が書き込まれたものを「ト音譜表」、ヘ音記号が書き込まれたものを「ヘ音譜表」等と呼ぶ。

　２段組み合わせたものを**大譜表**と呼ぶ。ピアノの楽譜の場合、基本的には上の段を右手、下の段を左手で弾く。

④楽譜の各名称

　音部記号の右隣に調号、その右隣に拍子記号を記す。また、**小節線**（縦線）は拍子記号で表されたまとまりを示すためのもので、**複縦線**は曲の区切りや拍子・調の変わり目、**終止線**は曲の終わりを示すものである。

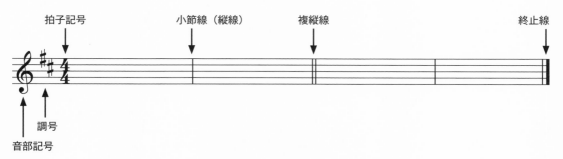

　五線が１段の場合、音部記号の前（五線の一番頭のところ）には縦線を引かない。

(2) 音名

→ レッスン 3、4、5、10、11

　音部記号に合わせ、高さに応じて呼ぶ固定の名前を**音名**という。ここでは、いわゆる固定ドと呼ばれる読み方と、英語音名、日本音名を示す。

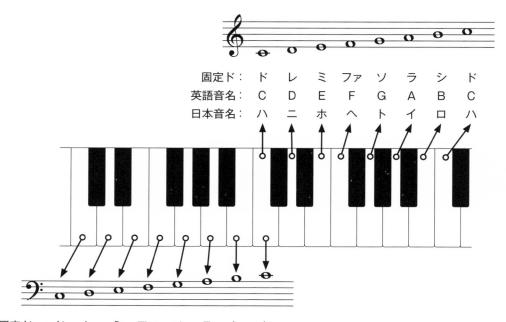

固定ド：	ド	レ	ミ	ファ	ソ	ラ	シ	ド
英語音名：	C	D	E	F	G	A	B	C
日本音名：	ハ	ニ	ホ	ヘ	ト	イ	ロ	ハ

　上記のような変化記号が付かない音を**幹音**、幹音を半音以上高くしたり低くしたりする**変化記号**が付いた音を**派生音**という。派生音に伴う記号は次の通り。

　　　半音高くする… ♯（シャープ）
　　　半音低くする… ♭（フラット）　　　　※もとに戻す… ♮（ナチュラル）

日本音名の場合：♯ の場合は「嬰_{えい}」、♭ の場合は「変」を頭に付けて呼ぶ。　**例** 嬰ヘ、変ロ など
英語音名の場合：アルファベットの右肩に臨時記号を書く。　　**例** F♯（読み方：エフシャープ）
　　　　　　　　　　　　　　　　　　　　　　　　　　　　　　　B♭（読み方：ビーフラット）

※この他、変化記号には ✕（ダブルシャープ：シャープをさらに半音高くする）と ♭♭（ダブルフラット：フラットをさらに半音低くする）がある。
※曲の途中で音符に付記された変化記号を**臨時記号**と呼ぶ。臨時記号は、臨時記号が出てきた小節の中のみ有効で、小節が変わると効力がない。また、同じ小節の中でも、同じ高さの音にのみ有効で、音の高さが違う場合は効力がない。

2 ｜ 音符と休符

➡ レッスン 6、7、8

(1) 音符の各名称

①各名称

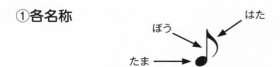

②連桁

　八分音符より短い音符が続けて出てくる場合、拍子感やフレーズ感が分かりやすくなるように横棒（連桁）で音符をつなぐ。

連桁の例

(2) 音符と休符の種類と長さ

名称	音符				名称	休符			
全音符	o				全休符	▬			
二分音符	♩		♩		二分休符	▬		▬	
四分音符	♩	♩	♩	♩	四分休符	𝄽	𝄽	𝄽	𝄽
八分音符	♪♪	♪♪	♪♪	♪♪	八分休符	𝄾𝄾	𝄾𝄾	𝄾𝄾	𝄾𝄾
十六分音符	♬♬	♬♬	♬♬	♬♬	十六分休符	𝄿𝄿𝄿𝄿	𝄿𝄿𝄿𝄿	𝄿𝄿𝄿𝄿	𝄿𝄿𝄿𝄿

(3) 付点音符と付点休符の種類

付点は、付点の左側の音符の半分の長さを示す。複付点は、左側の付点は左側の音符の半分の長さを示し、右側の付点は左側の付点が示している長さの半分を示す。

付点音符

付点二分音符	付点四分音符	付点八分音符

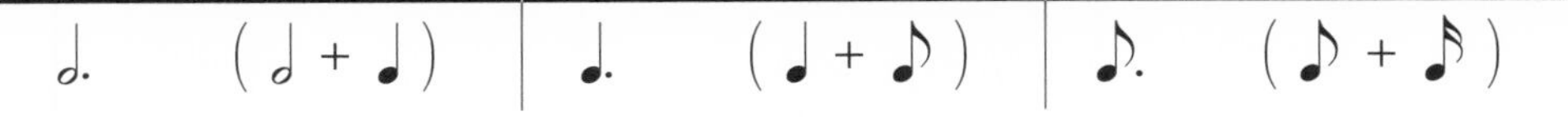

複付点音符

複付点二分音符	複付点四分音符

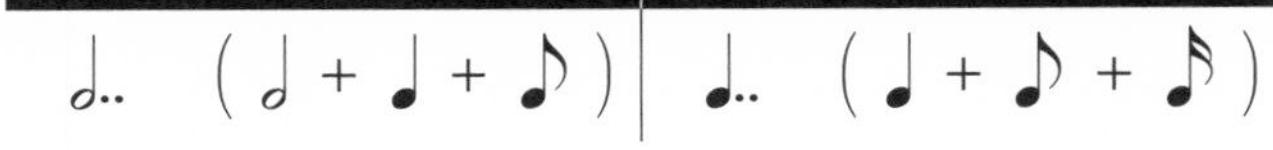

付点休符

付点二分休符	付点四分休符	付点八分休符

複付点休符

複付点二分休符	複付点四分休符

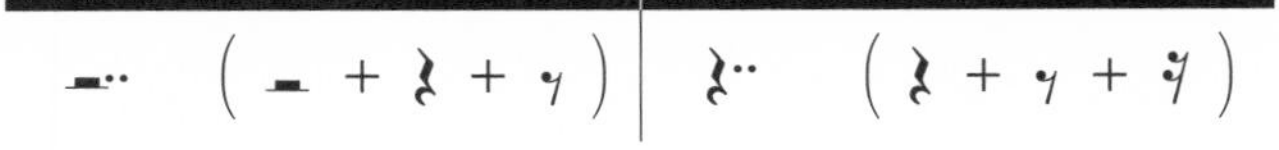

付点を楽譜に書く場合、間に記す。音符の場合は、音符が間に書かれている場合は同じ位置、音符が線に書かれている場合は線の上の間に書く。休符の場合は、第３間に記す。

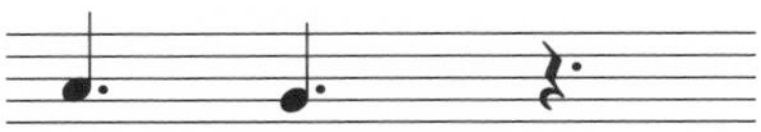

(4) 連符

音符は通常、二等分または四等分などのように分割するが、三等分したり五等分したりしたものを、三連符、五連符などと呼ぶ。

3 ｜ 拍子とリズム

→ レッスン 6、7、8

(1) 拍子

　ある一定の拍のまとまりを**拍子**という。このとき、一番重心になる 1 拍目を**強拍**、それ以外を**弱拍**という。拍子には、単純拍子（二拍子、三拍子、四拍子）や複合拍子（六拍子、九拍子、十二拍子）などがある。

(2) 拍子記号

 　拍子記号は、「1 小節の中に□分音符が●個入る拍子」ということを示す記号である。

二拍子

4 分の 2 拍子

　四分音符を 1 拍として、1 小節の中に 2 拍入る。

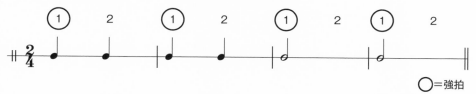

○＝強拍

2 分の 2 拍子

　二分音符を 1 拍として、1 小節の中に 2 拍入る。

※ $\frac{2}{2}$ は ¢ と記されることもある。

三拍子

4分の3拍子

四分音符を1拍として、1小節の中に3拍入る。

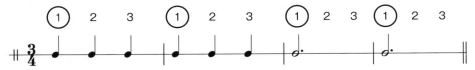

8分の3拍子

八分音符を1拍として、1小節の中に3拍入る。

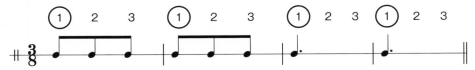

四拍子

4分の4拍子

四分音符を1拍として、1小節の中に4拍入る。

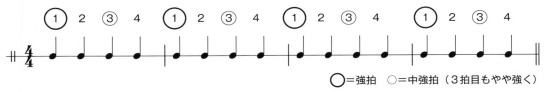

◯=強拍　○=中強拍（3拍目もやや強く）

※ 4/4 は **C** と記されることもある。

六拍子

8分の6拍子

八分音符を1拍として、1小節の中に6拍入る。

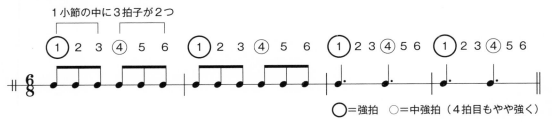

◯=強拍　○=中強拍（4拍目もやや強く）

（3）リズム

　拍子をもとに、拍を分割したりつなげたりして作られた、音符や休符の組み合わせのパターンをリズムという。

※音符については、「2. 音符と休符」を参照。

4 | 音程

➡ レッスン 9、10

音と音の隔たりのことを**音程**という。音程の単位は**度**。

※音単体の高さ（ピッチ）のことは「音高」という。

例 ドから数える場合

音程には、完全系と長短系の２種類ある。

> 完全系…１度、４度、５度、８度
> 長短系…２度、３度、６度、７度

２音のどちらか、または両方に変化記号が付いた場合、音程の種類は増や減などに変化する（次ページ図表参照）。

完全系の音程と鍵盤の数の関係一覧　　　　　　　　　　　　※鍵盤の数…白鍵と黒鍵の合計数を表す

	完全系			
	1度	4度	5度	8度（オクターブ）
増	2個	7個	9個	14個
完全	1個	6個	8個	13個
減		5個	7個	12個

長短系の音程と鍵盤の数の関係一覧

	長短系			
	2度	3度	6度	7度
増	4個	6個	11個	13個
長	3個	5個	10個	12個
短	2個	4個	9個	11個
減	1個	3個	8個	10個

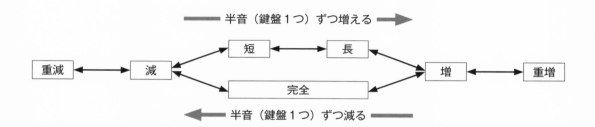

※8度を超えた場合は、超えた分の音程の種類を名前に付けることもある。

　例 長9度…1オクターブと長2度

5 | 音階と調

➡ レッスン 11

（1）長調と短調

　1オクターブの中に、音が全音や半音などの関係により決められた順番で配置されたものを**音階**という。童謡などの多くは、長調や短調の音階を使って作られている。

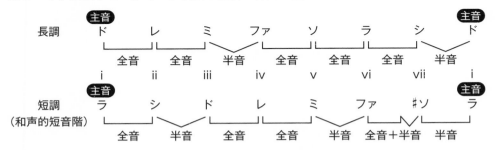

※短調には3種類の音階があるが、ここでは自然短音階の7番目の音を半音上げる「和声的短音階」を取り上げている。

　音階の各音に変化記号が付く場合（短調の音階の7番目につく変化記号以外）、**調号**として音部記号の右側にまとめて書く。それぞれの調号に対して、長調と短調が1つずつある。以下に、各調の調号と主音を示す。◦ は長調の主音を、● は短調の主音を表している。

※調の名前：長調・短調とも、音階の主音の日本音名を、調の種類の頭に付ける。

例 音階の1番目の音（主音）がA♭の長調の場合…変イ長調

　　　音階の1番目の音（主音）がF♯の短調の場合…嬰ヘ短調

調号に使われるシャープやフラットは、並べる順番や書き記す位置が決まっている。

シャープ　ファ→ド→ソ→レ→ラ→ミ→シの順。　　※F♯から5度ずつ上がる

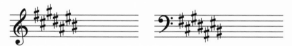

フラット　シ→ミ→ラ→レ→ソ→ド→ファの順。　　※B♭から5度ずつ下がる

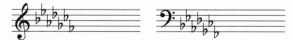

（2）その他の音階──日本の音階（五音音階）

民謡やわらべうたは、日本特有の音階によってできている。

都節音階（陰音階）

箏の平調子に相当する。『さくらさくら』『うさぎ』『黒田節』など。

律音階

雅楽などに用いられる。

民謡音階（陽音階）

日本の民謡に多く用いられる。『ソーラン節』『八木節』『こきりこ節』など。

沖縄音階

沖縄地方特有の音階。ただし、沖縄の民謡すべてがこの音階という訳ではない。

この他にも、世界には教会旋法、全音階など、さまざまな音階がある。

（3）移調

　楽曲全体を他の調に移すこと。一定の音程の分、音を高くする、または低くする。例えば、ハ長調の曲を、完全５度高く移動してト長調にする、短３度低くしてイ長調にするなどである。

6 | 音の重なり

➡ レッスン 12、13、14、15

（１）和音とは

　異なる高さの２つ以上の音の重なりを、和音という。

（２）三和音と七の和音

　ある音に３度音程を３つ積み重ねたものを三和音といい、ある音に３度音程を４つ積み重ねたものを七の和音（四和音）という。構成音は、下からそれぞれ、根音、第３音、第５音、第７音と呼ぶ。

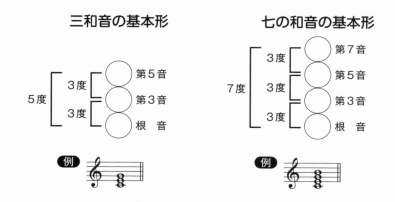

（3）三和音の種類

　3度（長および短）の組み合わせによって構成される三和音の種類には、長三和音、短三和音、増三和音、減三和音の4種類がある。

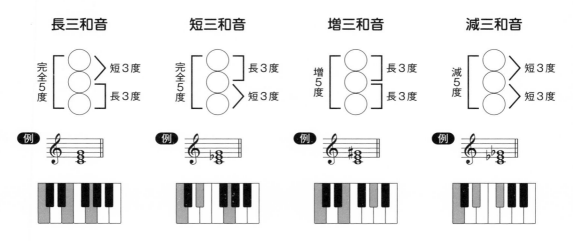

（4）七の和音の種類

　3度（長および短）の組み合わせによって構成される七の和音の種類には、属七の和音、長七の和音、短七の和音、減七の和音、減五短七（導七）の和音などがある。

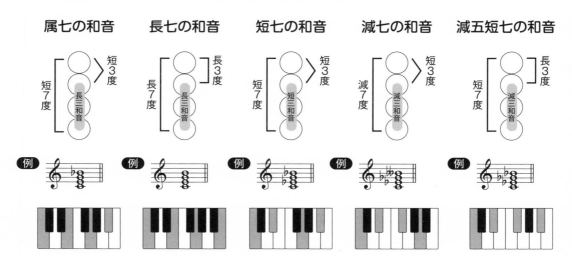

（5）主要三和音と副三和音

　音階の主音（第1音）を根音として構成された三和音を「主和音」（Tonic chord）、下属音（第4音）を根音として構成された三和音を「下属和音」（Subdominant chord）、属音（第5音）を根音として構成された三和音を「属和音」（Dominant chord）という。これらの3種類の和音は、その調の性格を特徴付ける重要な和音であるため、主要三和音という。短調の主要三和音は、和声的短音階をもととして構成される。主要三和音に対し、それ以外の三和音を副三和音という。

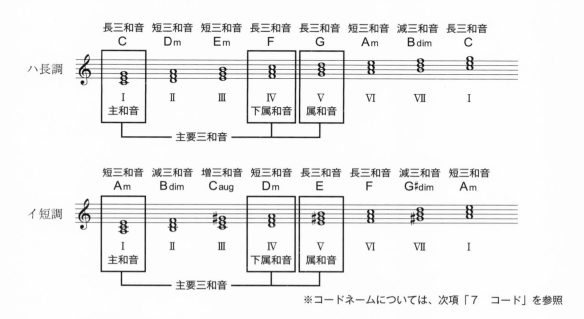

※コードネームについては、次項「7　コード」を参照

（6）和音の転回

　3度ずつの積み重ねによって構成される和音のことを、和音の「基本形」といい、根音以外の音が最低音になった和音を「転回形」という。第3音が最低音になった和音を「第1転回形」、第5音が最低音になった和音を「第2転回形」という。七の和音では第7音まであるため、第7音が最低音になった和音を「第3転回形」という。

三和音の転回形　　　　　　　　**七の和音の転回形**

7 | コード

➡ レッスン 12、13、14、15

（1）コードネーム

和音（chord）の名前（name）をアルファベットと数字で表したものを**コードネーム**という。大文字は和音の根音を表し、小文字や数字は和音の種類を表す。ジャズやポピュラー音楽で多く用いられる。

和音の根音

（2）三和音の種類とコードネーム

前項で説明した三和音をコードネームで表記すると次のようになる。

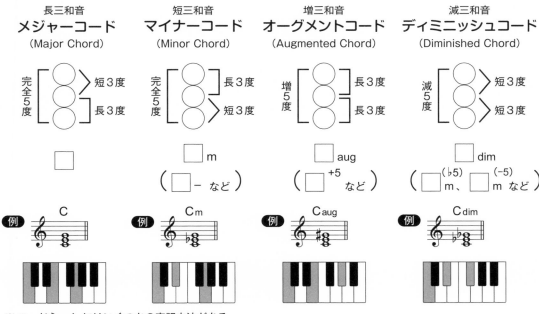

※ コードネーム にはいくつかの表記方法がある。

（3）七の和音の種類とコードネーム

七の和音をコードネームで表記すると次のようになる。

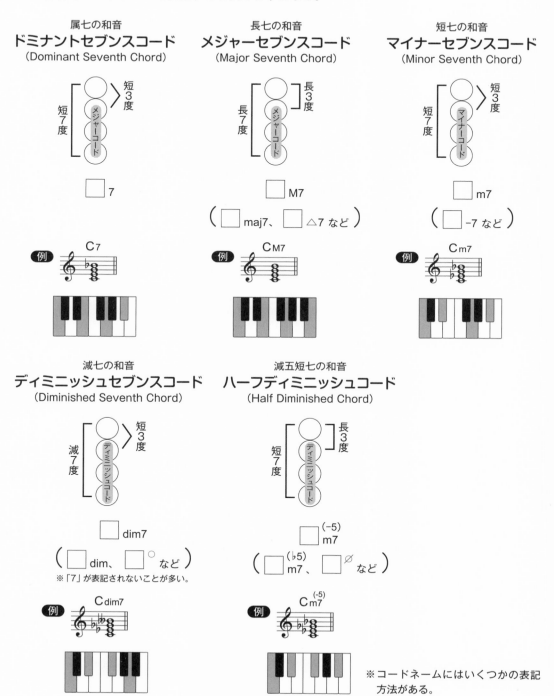

（4）そのほかのコード

シックスコード

　三和音に、根音から数えて長6度上の音を加えたものをシックスコード（6th chord）という。

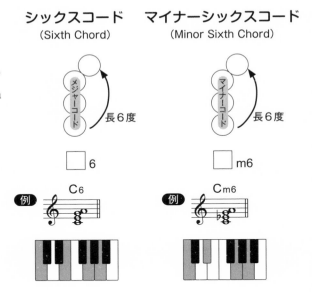

シックスコード
(Sixth Chord)

マイナーシックスコード
(Minor Sixth Chord)

サスペンデッドコード

　三和音の中の完全5度の間に3度がなく、代わりに完全4度があるものをサスペンデッドコード（Suspended Chord）という。

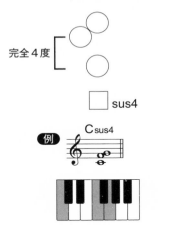

サスペンデッドコード
(Suspended Chord)

分数コード

　分数の形で表されるコードのことをいう。分子にあたる部分がコード名を、分母にあたる部分がベースの音（最も低い位置に持っていくべき音）を表す。

　C/G（G分のC）やC^onG（CオンG）と記されることもある。

8 ｜ 用語と記号

（1）速度を示す用語

	用語	読み方	意味
遅	Lento	レント	遅く
	Largo	ラルゴ	幅広くゆるやかに
	Adagio	アダージョ	ゆっくりと
	Andante	アンダンテ	ゆっくり歩くような速さで
	Moderato	モデラート	中ぐらいの速さで
	Allegretto	アレグレット	やや速く
	Allegro	アレグロ	速く
	Presto	プレスト	急速に
速	Vivace	ヴィヴァーチェ	活発に速く

（2）速度を変える用語

用語	読み方	意味
a tempo	ア・テンポ	もとの速さで
tempo primo（tempo Ⅰ）	テンポ プリモ	最初の速さで
rall.（rallentando）	ラレンタンド	だんだん遅く、だんだんゆるやかに
rit.（ritardando）	リタルダンド	
accel.（accelerando）	アッチェレランド	だんだん速く
♩＝○（○は数字）		♩を1分間に○回打つ速さ

（3）強弱を示す用語

	用語	読み方	意味
弱	_ppp_	ピアノピアニッシモ、ピアニッシッシモ	_pp_ よりさらに弱く
	_pp_	ピアニッシモ	とても弱く
	_p_	ピアノ	弱く
	_mp_	メッゾピアノ	少し弱く
	_mf_	メッゾフォルテ	少し強く
	_f_	フォルテ	強く
強	_ff_	フォルティッシモ	とても強く

（4）強弱を変える用語

用語・記号	読み方	意味
_sf_ _sfz_	スフォルツァンド、スフォルツァート	特に強く
_fz_	フォルツァンド、フォルツァード	特に強く
cresc.（crescerndo）	クレシェンド	だんだん強く
decresc.（decrescendo）	デクレシェンド	だんだん弱く
dim.（diminuendo）	ディミヌエンド	だんだん弱く
＞ または ∧	アクセント	目立たせて、強調して

（5）発想（表現）を示す用語

用語	読み方	意味
agitato	アジタート	激しく
amabile	アマービレ	愛らしく
appassionato	アパッショナート	熱情的に
brillante	ブリランテ	はなやかに
cantabile	カンタービレ	歌うように
con brio	コン ブリオ	生き生きと
dolce	ドルチェ	甘くやわらかに
espressivo	エスプレッシーヴォ	表情豊かに
leggiero（leggero）	レッジェーロ	軽く

（6）演奏法を示す用語・記号

用語・記号	読み方	
𝅘𝅥 >	アクセント	その音を強調して演奏する
legato	レガート	音をつなげてなめらかに演奏する
𝅘𝅥 ・	スタッカート	その音を短く切って演奏する
𝅘𝅥 ‾	テヌート	その音の長さを十分に保って演奏する
𝄐	フェルマータ	その音、または休符をほどよく長く演奏する（休む）
タイ記号	タイ	同じ高さの2つの音をつないで演奏する
スラー記号	スラー	なめらかに演奏する
gliss.	グリッサンド	高さの異なる2つの音の間をすべらせるように演奏する
アルペジオ記号（上向き）	アルペジオ	和音の各音を下から順に演奏する
アルペジオ記号（下向き）		和音の各音を上から順に演奏する
⁄. ⁄⁄.	省略記号	直前の1、または2小節を繰り返して演奏する
8va _ _ _ _ ⌐	オッターヴァ・アルタ	1オクターブ上で演奏
8vb _ _ _ _ ⌐ （*8va* _ _ _ _ ⌐）	オッターヴァ・バッサ	1オクターブ下で演奏

（7）反復を示す用語・記号

‖: :‖ の記号間を繰り返す。始めに戻るときは :‖ のみ。

演奏：ABABCDCD

1回目は1番括弧を演奏し、2回目は1番括弧を飛ばして2番括弧を演奏する。

演奏：ABCABD

繰り返す回数に応じて括弧内の数字が表記される。

演奏：ABCABCABD

D.C.（ダ・カーポ） 曲の始めに戻り、Fine（フィーネ）または ⌒ で終わる。

演奏：ABCDAB

D.S.（ダル・セーニョ） 𝄋 に戻って Fine または ⌒ で終わる。

演奏：ABCDEFCD

⊕（ヴィーデ） 次の ⊕ または Coda に飛ぶ。

演奏：ABCDABEF

9 ｜ レッスン

レッスン **1**

ト音記号について、次の課題を行いましょう。

①右の楽譜の音を音名で歌いながら、ト音記号を書いてみましょう。音符の下に書かれている番号とト音記号に書かれている番号は、対応しています。

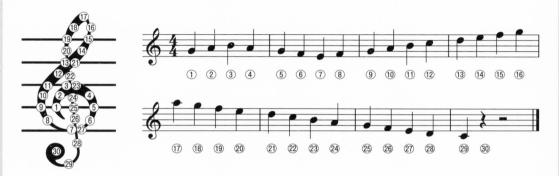

②右の楽譜の音を歌いながら、楽譜を書き写してみましょう。

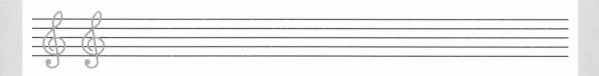

ヘ音記号について、次の課題を行いましょう。

①右の楽譜の音を音名で歌いながら、ヘ音記号を書いてみましょう。音符の下に書かれている番号とヘ音記号に書かれている番号は、対応しています。

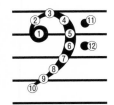

②右の楽譜の音を歌いながら、楽譜を書き写してみましょう。

レッスン 3

次のメロディは、幹音とシャープが付いた派生音でできています。

①メロディを音名で歌ったり、ピアノで弾いたりしましょう。下のパートは、先生や友達に弾い
　てもらったり、慣れてきたら自分の左手で弾いてみたりしましょう。
②両手で弾いてみましょう。

レッスン 4

次のメロディは、幹音とフラットが付いた派生音でできています。

①メロディを音名で歌ったり、ピアノで弾いたりしましょう。下のパートは、先生や友達に弾い
　てもらったり、慣れてきたら自分の左手で弾いてみたりしましょう。
②両手で弾いてみましょう。

b)

レッスン**5**

次の楽譜は『かえるのうた』の冒頭でできています。

①「メロディ」を音の名称（固定ド、英語音名、日本音名）で読みましょう。
②「伴奏」に合わせて、「メロディ」を歌ったり弾いたりしましょう。

a)

b)

メロディ

伴奏

メトロノーム ♩＝60 に合わせて、次の課題を行いましょう。

①リズムに合わせて、足を動かしましょう。

　　右スキップ 左スキップ …右足または左足のスキップ

　　　右ステップ …右足で右に踏み出し、その場で左、右と足踏み

　　　左ステップ …左足で右に踏み出し、その場で右、左と足踏み

②リズムを手拍子しましょう。
③歌詞を言いながら、リズム唱をしましょう。

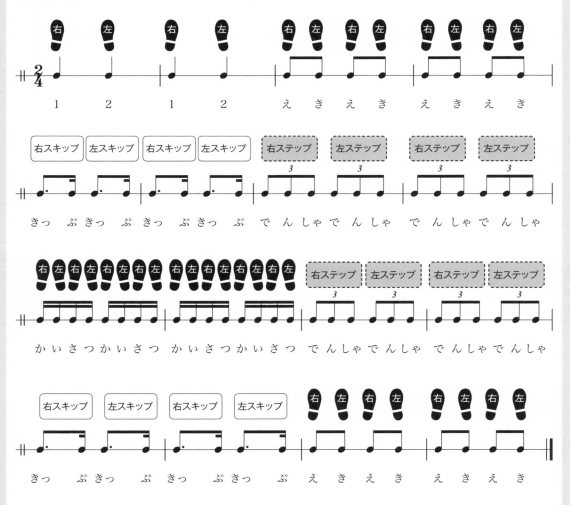

レッスン **7**

次のリズム譜について、次の課題を行いましょう。

①両手で手拍子をしましょう。（上向と下向きの音符を右手と左手に分けないで行いましょう）
②下向きの音符は膝、上向きの音符は肩を叩きましょう。
③下向きの音符を左手、上向きの音符を右手で叩きましょう。

a)

b)

c)

d)

e)

レッスン 8

リズムカードを使い、4小節のリズムを作りましょう。

①拍子記号に合わせてリズムカードを各小節に1枚ずつ置き、手拍子しましょう。
②拍子記号に合わせて、1小節目と3小節目は同じリズムパターンのカードを置き、2小節目と
　4小節目は他の小節と違うリズムパターンを置きましょう。
③拍子記号に合わせて、1小節目と3小節目は他の小節と違うリズムパターンのカードを置き、
　2小節目と4小節目は同じリズムパターンを置きましょう。
④②と③を合わせてリズム合奏をしてみましょう。

※①②③で作成した4小節のリズムは、記録しておきましょう。レッスン10で使用します。

レッスン 9

次の音程を答えましょう。　　➡解答は次ページ下

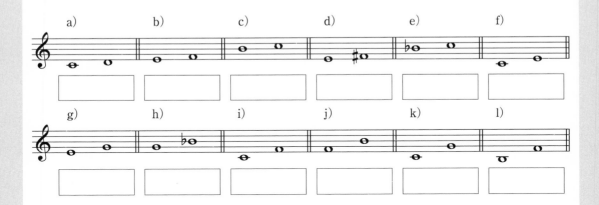

レッスン **10**

レッスン 8 の①②③で作ったリズムに、以下の方法で a) b) c) それぞれにメロディを作りましょう。

①各小節の最初に指定された音から 2 度の上行もしくは下行で進めて、メロディを創作しましょ
　う。できあがったら、母音や音名で歌いましょう。

②各小節の最初に指定された音から 3 度の上行もしくは下行で進めて、メロディを創作しましょ
　う。できあがったら、母音や音名で歌いましょう。

③各小節の最初に指定された音から 2 度、3 度、4 度、5 度いずれかの上行もしくは下行で進めて、
　メロディを創作しましょう。できあがったら、母音や音名で歌いましょう。

※拍子記号の部分に、レッスン 8 で作った課題の拍子を書きましょう。

レッスン **11**

レッスン 10 の①②③で作成した旋律（ハ長調）について、次の課題を行いましょう。

①ト長調、ヘ長調、ニ長調、変ロ長調に移調し、楽譜に書きましょう。
②母音や音名で歌いましょう。

レッスン 9　解答
　a) 長 2 度　b) 短 2 度　c) 短 2 度　d) 長 2 度　e) 長 2 度　f) 長 3 度
　g) 短 3 度　h) 短 3 度　i) 完全 4 度　j) 増 4 度　k) 完全 5 度　l) 減 5 度

次の主要三和音について、コードネームを書き、鍵盤図の該当する音に印をつけましょう。

①ハ長調

コードネーム （　） 　　（　） 　　（　） 　　（　） 　　（　）

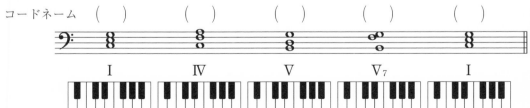

②ト長調

コードネーム （　） 　　（　） 　　（　） 　　（　） 　　（　）

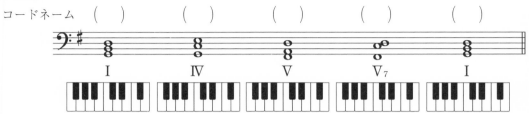

③ニ長調

コードネーム （　） 　　（　） 　　（　） 　　（　） 　　（　）

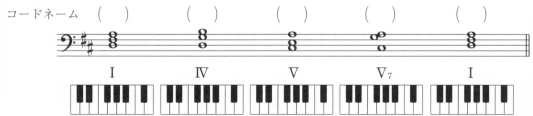

④ヘ長調

コードネーム （　） 　　（　） 　　（　） 　　（　） 　　（　）

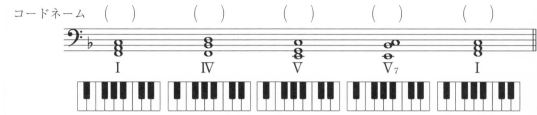

次の曲は『きらきら星』です。次の課題を行いましょう。

①示されているコードをもとに、左手パート（ヘ音記号のパート）に二分音符で和音を書き、楽
　譜を完成させましょう。その際、弾きやすいポジションになるよう、転回形を用いましょう。
②ピアノで弾いてみましょう。

a）ハ長調

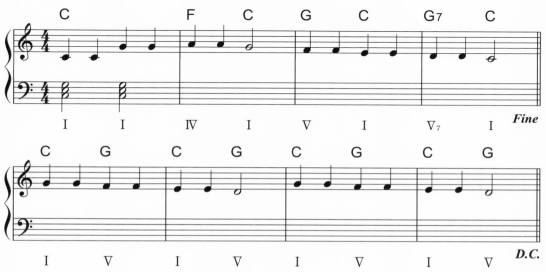

b）二長調

レッスン 13 を参考に、次の課題を行いましょう。

①ヘ長調、ト長調で『きらきら星』の楽譜を書きましょう。
 ※和音記号（ローマ数字）は、1拍目と3拍目の位置に書かれています。
②①で作成した楽譜の1拍目と3拍目に記された（ ）の中にコードネームを書き入れましょう。
③ピアノで弾いてみましょう。

a）ヘ長調

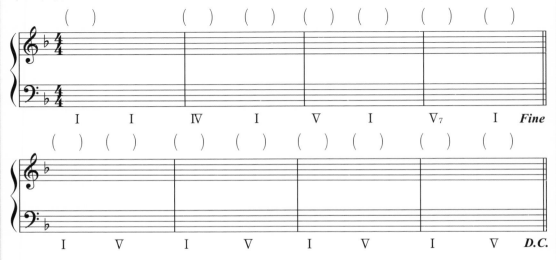

b）ト長調

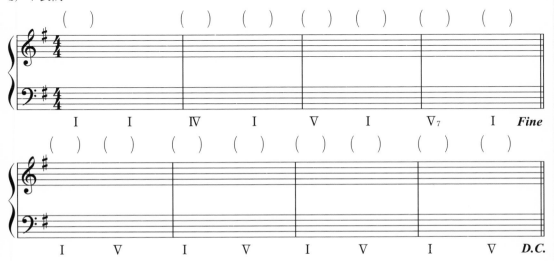

次の楽曲は『ぶんぶんぶん』（ハ長調）です。次の課題を行いましょう。

①コードネームを書き入れましょう。
②ピアノで弾いてみましょう。

第2章
片手で弾いてみよう
（楽しい伴奏付）

1 | 右手で簡単メロディ

簡単なメロディを、右手で弾いてみましょう。

指番号

　音符に書かれている数字は、演奏する指を示しています。右手も左手も親指から順に1、2、3、4、5と数えます。

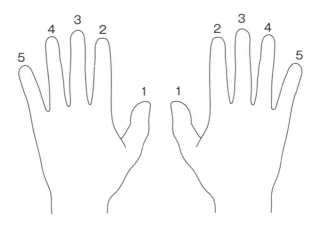

■ハ長調のメロディ

1〜15番のハ長調のメロディを、伴奏に合わせて楽しく弾いてみましょう。

　　●休符やリズム（付点音符や三連符）に注意しましょう。

　　●伴奏に合わせて表現を工夫しましょう。

ハ長調
1-1

Andante ♩=70 ca.

合わせるときは１オクターブ上で弾く

右手

（伴奏）

ポイント　響きの変化を楽しみながら弾きましょう。

ハ長調
1-3

Allegretto ♩=105 ca.
合わせるときは１オクターブ上で弾く
右手
伴奏
mf

dim.

p

ポイント 行進曲風に気持ちよくリズムを進めながら弾きましょう。

ポイント 伴奏のスムーズな流れに乗せて、大きな2拍子をよく感じて弾きましょう。

Moderato ♪=100 ca.

合わせるときは1オクターブ上で弾く

右手

(伴奏)

ポイント 体の中で感じているリズムを止めないよう、長い音符ほど注意してください。

ポイント 3拍子のリズムに乗って弾きましょう。

62

ポイント　拍の流れを大事にし、3拍子の流れに乗って弾きましょう。

Allegretto ♩=105 ca.

合わせるときは1オクターブ上で弾く

右手

（伴奏）

ポイント　キビキビとしたリズムで、歯切れよく弾きましょう。

ポイント 歯切れのよいタッチで弾きましょう。

66

ハ長調
1-13

Allegretto ♪=115 ca.
合わせるときは1オクターブ上で弾く

ポイント　レガートをよく意識してなめらかに弾きましょう。

ハ長調

1-14

Allegro ♩=120 ca.

合わせるときは1オクターブ上で弾く

右手

伴奏

mf

102 ページ「指またぎ」参照

p

mf

dim.

p

ポイント 楽しい曲調の中で、曲想の変化を感じ取りながら弾きましょう。

ハ長調

1-15

■二長調のメロディ

55 〜 69 ページのハ長調のメロディを、二長調で弾いてみましょう。

🎹 練習の進め方

まずは二長調の楽譜を見ながら、伴奏に合わせて弾いてみましょう。

　メロディを弾きやすくするために、ハ長調とは指使いが異なりますから注意しましょう。

次にハ長調と二長調を交互に弾いてみましょう。

　ハ長調 1-1 と二長調 1-1、ハ長調 1-2 と二長調 1-2、ハ長調 1-3 と二長調 1-3……というように、ハ長調と二長調の同じメロディを交互に弾き比べて、移調の感覚に慣れましょう。

　同じメロディでも、伴奏がまったく異なります。それぞれの雰囲気を感じながら、力強く、ノリよく、軽やかに、優しくなめらかになど、表現を工夫しましょう。

自分で移調して弾いてみましょう。

　二長調のメロディに慣れたら、ハ長調の楽譜を見ながら、二長調に移調して弾くことにチャレンジしてみるのもよいでしょう。

　二長調の調号 （楽典 22 ページ参照）に気をつけて、ハ長調の旋律すべてを長 2 度上げて弾きます。

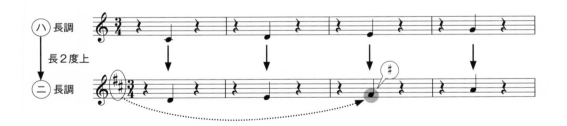

伴奏に合わせると、自然と弾けるかもしれません。

ポイント　拍をしっかり感じて、特に休符の部分で停滞しないよう気をつけて弾きましょう。

Andante ♩=70 ca.

合わせるときは 1 オクターブ上で弾く

右手

(伴奏)

p dolce

cresc.

mp

dim.

p

dim.

ポイント 伴奏パートにもきれいなメロディがあります。曲想をよく感じて弾きましょう。

ポイント　安定した拍の流れを作って、響きの変化を楽しんで弾きましょう。

ポイント リズムの流れを止めないように気をつけて、ちょっとおしゃれな雰囲気を楽しんで弾きましょう。

二長調
1-5

Allegretto ♪=115 ca.

合わせるときは１オクターブ上で弾く

右手

伴奏

ポイント　安定した流れに乗せて、メロディはレガートできれいに弾きましょう。

ポイント みなさんがよく知っている、あの鳥が鳴いているように聞こえることと思います。

二長調
1-9

Andante ♩=70 ca.

合わせるときは１オクターブ上で弾く

右手

（伴奏）

ポイント　ゆっくりめの曲ですが、音の長さを適度に保ちつつ、流れを止めないように気をつけましょう。

ポイント　軽快な流れをよく感じて、楽しい雰囲気を作って弾きましょう。

80

二長調

1-11

ポイント　それぞれのメロディの掛け合いをよく楽しんで弾きましょう。

元気な行進曲風に、リズムに乗って歯切れよく演奏しましょう。

二長調

1-13

Moderato ♪=100 ca.

合わせるときは1オクターブ上で弾く

右手

(伴奏)

ポイント　お互いのメロディをよく聞きながら、歌うように弾きましょう。

1-14

ニ長調

ポイント 右手はリズムを正確に弾きましょう。伴奏右手の四分音符は長さを保ちつつ、流れを止めないように気をつけます。

二長調
1-15

Allegretto ♩=105 ca.

合わせるときは１オクターブ上で弾く

右手

（伴奏）

ポイント　軽快な前向きの流れをしっかり作って、楽しく弾きましょう。

■ヘ長調またはト長調のメロディ

　55〜69ページのハ長調のメロディを、ヘ長調またはト長調で弾いてみましょう。

🎹 練習の進め方

まずはヘ長調またはト長調の楽譜を見ながら、伴奏に合わせて弾いてみましょう。

　メロディを弾きやすくするために、それぞれに指使いが異なります。注意しましょう。

次にハ長調とニ長調とヘ長調（またはト長調）を交互に弾いてみましょう。

　1-1 のハ長調→ニ長調→ヘ長調、または 1-3 のハ長調→ニ長調→ト長調……というように、同じメロディをそれぞれの調で交互に弾き比べて、移調の感覚に慣れましょう。

　同じメロディでも、伴奏がまったく異なります。それぞれの雰囲気を感じながら、力強く、ノリよく、軽やかに、優しくなめらかになど、表現を工夫しましょう。

自分で移調して弾いてみましょう。

　ヘ長調やト長調のメロディに慣れたら、ハ長調の楽譜を見ながら、ヘ長調またはト長調に移調して弾くことにチャレンジしてみるのもよいでしょう。

ヘ長調の場合

　ヘ長調の調号（楽典 22 ページ参照）に気をつけて、ハ長調の旋律すべてを完全 4 度上げて弾きます。

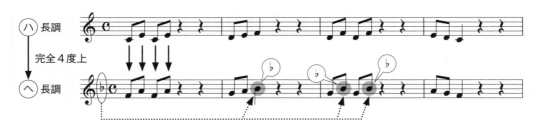

ト長調の場合

　ト長調の調号（楽典 22 ページ参照）に気をつけて、ハ長調の旋律すべてを完全 5 度上げて弾きます。

へ長調
1-1

Allegro ♩=132 ca.

合わせるときは１オクターブ上で弾く

右手

（伴奏）

ひとこと　ブルース風のアレンジです。ノリ良く弾きましょう。

ひとこと 伴奏の半音階によるベースを生かしたアレンジです。7〜8小節目は生き生きと演奏しましょう。

ト長調
1-3

Allegro ♩=120 ca.
合わせるときは1オクターブ上で弾く

右手

（伴奏）

ひとこと　伴奏はシンコペーションを生かしたアレンジになっています。

ひとこと 右手と伴奏の掛け合いを意識して演奏しましょう。

へ長調
1-5

ひとこと 旋律的な伴奏のベースラインを意識して演奏しましょう。

ひとこと 『音楽の異端児』と呼ばれたフランスの作曲家、エリック・サティの作風を意識した伴奏です。

へ長調
1-7

Allegro ♩=120 ca.
合わせるときは1オクターブ上で弾く

右手

伴奏

ひとこと　ボサノヴァ風の伴奏に乗って演奏しましょう。

ポイント 同じフレーズが繰り返される伴奏右手に対し、左手のコードは次々と移り変わっていきます。

ト長調
1-9

ポイント　Ⅳ-Ⅴ-Ⅵ-Ⅴ の進行が特徴的な伴奏です。9 〜 12 小節を劇的に変化させましょう。

ポイント 伴奏左手のベースラインが特徴的なアレンジです。徐々に伴奏右手と左手の拍感が交錯していきます。

へ長調
1-11

Allegro ♩=120 ca.
合わせるときは1オクターブ上で弾く

右手

伴奏

ポイント　右手と伴奏の掛け合いを意識しながら演奏しましょう。

へ長調

1-12

Allegretto ♩=112 ca.

合わせるときは1オクターブ上で弾く

右手

伴奏

ポイント 右手と伴奏の掛け合い、特に9〜12小節の三連符の掛け合いが特徴的です。

へ長調
1-13

ポイント 6/8 拍子の拍子感を意識して演奏しましょう。

ポイント 伴奏は、右手の旋律を引き立てるイメージで演奏してください。

ポイント　右手と伴奏の掛け合いを意識しましょう。5〜8小節と13〜16小節からは音楽に広がりを持たせてください。

2 │ 右手でスケール

スケールを使ったメロディを、右手で弾いてみましょう。

　スケールをスムーズに弾くためには、親指を人差し指（または中指、薬指）の下をくぐらせて弾く**指くぐり**の方法や、親指の上を人差し指（または中指、薬指）でまたいで弾く**指またぎ**の方法があります。

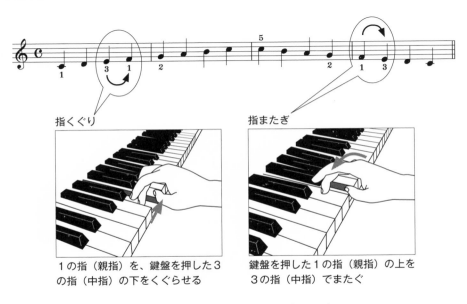

指くぐり

指またぎ

1の指（親指）を、鍵盤を押した3
の指（中指）の下をくぐらせる

鍵盤を押した1の指（親指）の上を
3の指（中指）でまたぐ

　手首や腕を大きく動かさずに、指くぐり、指またぎをしましょう。

■ハ長調

1〜7番のハ長調のスケールを使ったメロディを、伴奏に合わせて楽しく弾いてみましょう。

　●指使いに気をつけましょう。
　●伴奏に合わせて表現を工夫しましょう。

ハ長調
2-1

Allegretto ♩=105 ca.

合わせるときは1オクターブ上で弾く

右手

伴奏

ポイント　行進曲風に、元気よくリズムに乗って弾きましょう。

ポイント タンゴ風のリズムに乗って、歯切れよく弾きましょう。

104

ポイント　前半、中間、後半、それぞれの曲想の変化を楽しんで弾きましょう。

ポイント　掛け合いを楽しみながら元気よく弾きましょう。

ポイント　優雅な雰囲気をよく感じて弾きましょう。

Allegretto ♩=105 ca.
合わせるときは1オクターブ上で弾く

右手

(伴奏)

ポイント 忙しそうな曲ですが、テンポを一定に保って弾きましょう。

ハ長調
2-7

Allegretto ♩=105 ca.
合わせるときは1オクターブ上で弾く

右手

（伴奏）

ポイント リズムが乱れないように気をつけましょう。

■ニ長調

次はニ長調で弾いてみましょう。練習方法は 70 ページ「練習の進め方」を参考にしてください。

ポイント　2つのメロディの対比と響きの変化に気をつけましょう。

114

ポイント　軽快な流れに乗って、荒っぽくならないように気をつけて弾きましょう。

ポイント　優雅さを感じてスムーズな流れに乗って弾きましょう。

2-6

Allegretto ♩=105 ca.

合わせるときは1オクターブ上で弾く

右手

(伴奏)

ポイント スムーズな拍の流れをよく感じて弾きましょう。

二長調
2-7

ポイント　リズムが乱れたり、曲の流れがぎこちなくなったりしないように気をつけましょう。

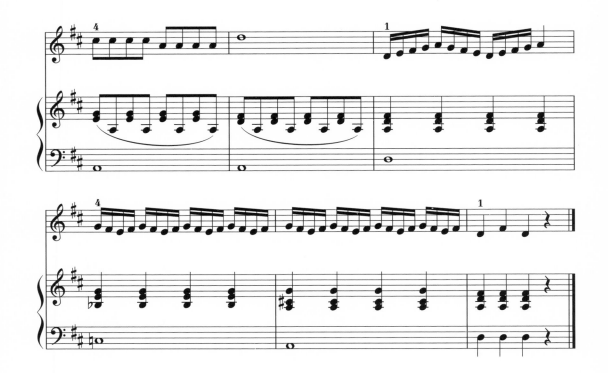

■ヘ長調またはト長調

次はヘ長調またはト長調で弾いてみましょう。練習方法は 86 ページの「練習の進め方」を参考にしてください。

ト長調

2-1

ポイント　J-POP によく出てくる Ⅳ-Ⅴ-Ⅲ-Ⅵ の循環コードによる伴奏です。

へ長調

2-2

Allegretto ♩=108 ca.

合わせるときは1オクターブ上で弾く

右手

(伴奏)

mf

ポイント Ⅵ-Ⅳ-Ⅴ-Ⅰ の循環コードによる伴奏です。

ポイント　付点八分音符＋十六分音符のリズムに気をつけましょう。

ポイント　3拍子の拍子感を大切に、右手と伴奏の掛け合いを意識して演奏しましょう。

ポイント I-VI-II-V の循環コードによるアレンジです。9〜12小節の中間部を引き立たせましょう。

124

ポイント 十六分音符の音階を弾くパートがところどころで入れ替わります。

3 ｜ 左手でコード Ⅰ Ⅴ(7)　Ⅰ Ⅳ　Ⅰ Ⅳ Ⅴ(7)

　主要三和音や和音の転回形をよく理解して（楽典 27 ページ）、コードの構成音と実際に弾く和音を、ゆっくり左手で弾いてみましょう。

コードの構成音と実際に弾く和音

　コードは、そのままの形で弾くより転回形を使用したほうが弾きやすくなります。その際、Ⅴ7 は 4 つの音をすべて弾くのではなく、第 5 音を省略した形で弾きます。

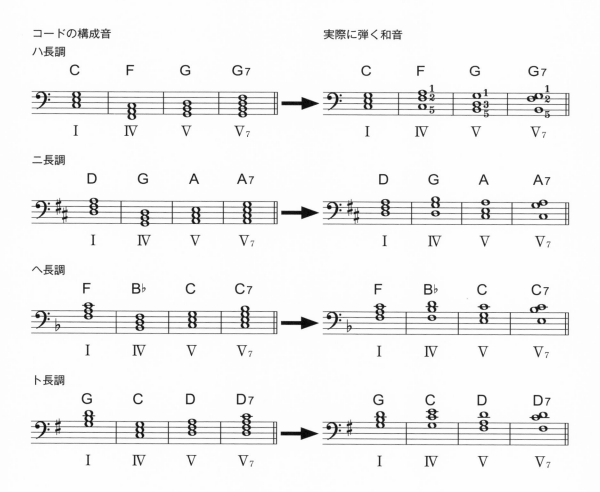

■ハ長調

ハ長調の和音を、伴奏に合わせて楽しく左手で弾いてみましょう。

3-1

Allegro ♩=120 ca.

合わせるときは2オクターブ上で弾く

左手

(伴奏)

ハ長調

3-3

Allegretto ♩=108 ca.

合わせるときは２オクターブ上で弾く

左手

伴奏

■二長調

128 ～ 130 ページのハ長調の和音を、二長調で弾いてみましょう。

二長調
3-1

Allegro ♩=120 ca.

合わせるときは2オクターブ上で弾く

ニ長調
3-3

■へ長調

128 〜 130 ページのハ長調の和音を、へ長調で弾いてみましょう。

へ長調
3-1

136

■ト長調

128 ～ 130 ページのハ長調の和音を、ト長調で弾いてみましょう。

■いろいろな伴奏パターンでも弾いてみよう

　128 ページからの和音（ハ長調・ニ長調・ヘ長調・ト長調）を以下を参考にして、いろいろな
伴奏パターンでも弾いてみましょう。

4拍子の場合

※コードの根音（C→ド、F→ファ、G・G7→ソ）のみで伴奏することもできます。連打したり、いろんなリズム
　で変化をつけてみましょう。

※オクターブで音を広げて弾くと雰囲気が変わります。

2拍子の場合

3拍子の場合

6拍子の場合

4 | 両手でチャレンジ

第2章の1、第2章の2のハ長調のメロディを右手で弾き、左手でコードを弾いてみましょう。左手のコードは第2章の「コードの構成音と実際に弾く和音」（127ページ）、「いろいろな伴奏パターンでも弾いてみよう」（140ページ）を参考にしてください。

※小節上にコードが書かれていない場合、前の小節のコードと同じであることを意味します。

（第2章の1　ハ長調のメロディ）

ハ長調
1-1

1-8

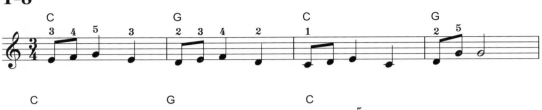

1-9

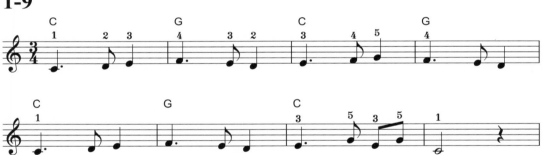

（第2章の2　ハ長調のスケールを使ったメロディ）

 ハ長調

2-1

 ハ長調

2-2

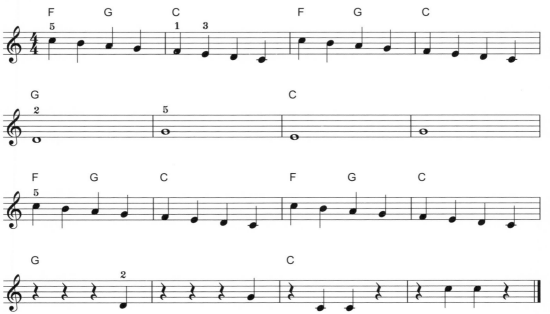

ハ長調
2-3

第3章
子どもの歌で弾いてみよう

1 両手で子どもの歌にチャレンジ [I V(7)]

　皆さんがよく知っている子どもの歌のメロディです。右手でメロディを弾き、左手で楽譜に示されているコードを弾いてみましょう。

　ここで使うのはIとV(7)の和音です。各調のIとV(7)は次の通りです。第2章の「コードの構成音と実際に弾く和音」（127ページ）や「いろいろな伴奏パターンでも弾いてみよう」（140ページ）も参考にしてください。

　コードを弾くのに慣れたら、ハ長調の曲はニ長調（長2度上）に、ニ長調の曲はハ長調（長2度下）に、ヘ長調の曲はト長調（長2度上）に、ト長調の曲はヘ長調（長2度下）に移調して弾いてみましょう。

　では、練習の進め方を説明します。

練習の進め方
①まず右手でメロディを弾きましょう。
②左手でコードを押さえ、確認します。
③右手のメロディに合わせて、左手でコードを押さえましょう。

前の小節と同じコードの
場合は省略される

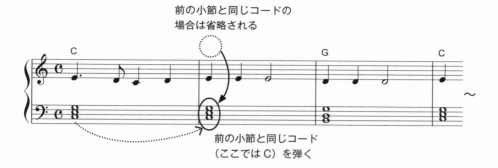

前の小節と同じコード
（ここでは C）を弾く

小節内でコードが変わる場合は、注意しましょう。

例 山の音楽家

④140 ページを参照し、左手を伴奏パターンで弾いてみましょう。

同じコードでも、伴奏パターンを変えると曲の雰囲気が変わってきます。

曲の最後は、終わり方を工夫しましょう。

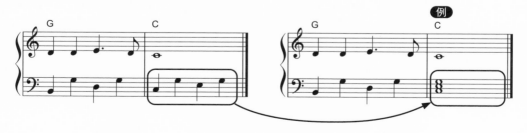

⑤慣れたら、今度は移調して弾きます。まずメロディを移調して右手で弾きます。調号に気をつけて弾きましょう。

ハ長調からニ長調、またはヘ長調からト長調に移調する場合は、長2度上げて弾きます。

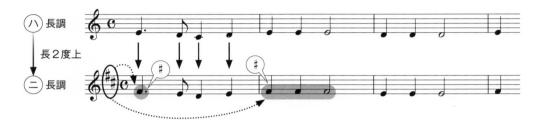

ニ長調からハ長調、またはト長調からヘ長調に移調する場合は、長2度下げて弾きます。

⑥左手のコードも同様に移調し、コードを押さえて確認します。

⑦右手のメロディに合わせて、左手でコードを押さえて弾いてみましょう。
　慣れるまでは、移調した楽譜を五線紙に書いてみるとよいでしょう。

⑧いろいろな伴奏パターンにチャレンジして、伴奏によって変化する曲の雰囲気を感じましょう。

曲によっては、途中で伴奏パターンを変えるなどして、工夫してみるのもよいでしょう。

例 山の音楽家

メリーさんのひつじ 八長調

アメリカ民謡

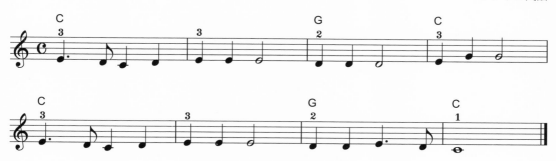

ぶんぶんぶん 八長調

ボヘミア民謡

かっこう 八長調

ドイツ民謡

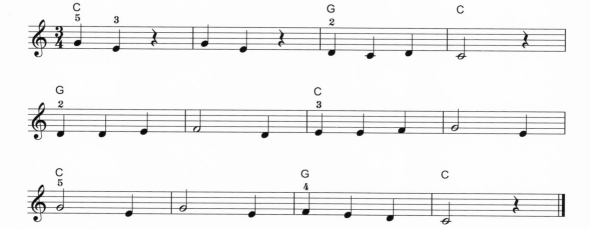

ロンドン橋がおちる 八長調

かたつむり 二長調

文部省唱歌

ちょうちょう へ長調

スペイン民謡

山の音楽家 ［ト長調］

ドイツ民謡

気のいいアヒル ［ト長調］

ボヘミア民謡

2 | 両手で子どもの歌にチャレンジ $\boxed{\text{I } \text{IV } \text{V}_{(7)}}$

　皆さんがよく知っている子どもの歌のメロディです。右手でメロディを弾き、左手で楽譜に示されているコードを弾いてみましょう。

　ここで使うのは I と IV と V$_{(7)}$ の和音です。各調の I と IV と V、または V$_7$ は次の通りです。左手は第2章の3「コードの構成音と実際に弾く和音」(127ページ)や「いろいろな伴奏パターンでも弾いてみよう」(140ページ)も参考にしてください。

　ここでもコードを弾くのに慣れたら、ハ長調の曲はニ長調(長2度上)で、ニ長調の曲はハ長調(長2度下)に、ヘ長調の曲はト長調(長2度上)で、ト長調の曲はヘ長調(長2度下)に移調して弾いてみましょう。

　練習の進め方は 156 ページを参照してください。

きらきら星 [ハ長調]

フランス民謡

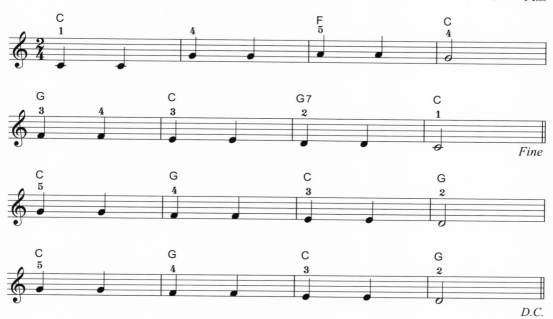

むすんでひらいて [ハ長調]

J. J. ルソー作曲

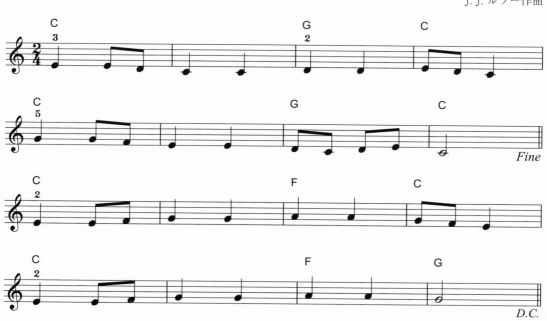

春が来た ハ長調

岡野貞一作曲

こぎつね ハ長調

ドイツ民謡

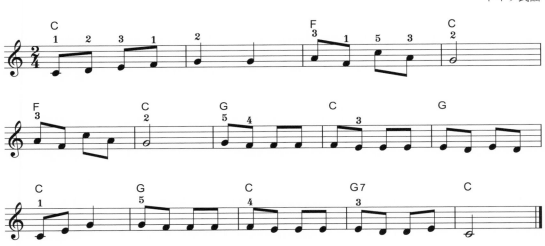

どんぐりころころ ハ長調

梁田 貞作曲

虫の声 [ハ長調]

文部省唱歌

ひのまる [ヘ長調]

岡野貞一作曲

ハッピーバースデートゥーユー へ長調

P. S. ヒル & M. J. ヒル作曲

ゆき へ長調

文部省唱歌

166

茶摘み 　ト長調

文部省唱歌

どんな色がすき ［ト長調］

坂田 修作曲

3 | その他のコード

I IV V(7) 以外のコードにもチャレンジしてみましょう。

1.

2.

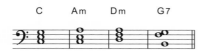

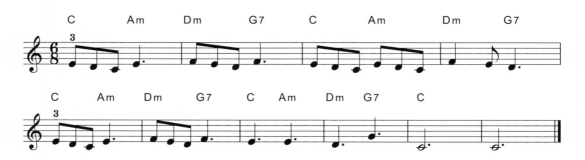

へ長調

ト長調

二長調

3.

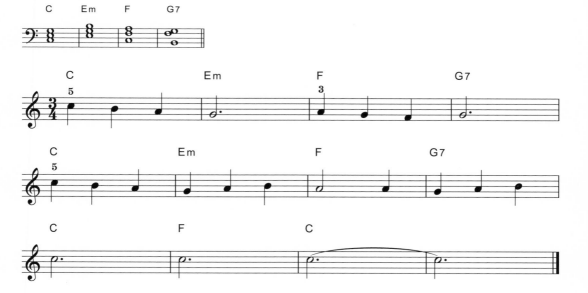

ヘ長調　　　　　　　　　　　　ト長調　　　　　　　　　　　　ニ長調

4.

5.

6.

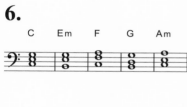

へ長調　　　　　　　　ト長調　　　　　　　　ニ長調

調号と長音階・カデンツ

ハ長調 C major			C F G G₇ C I IV V V₇ I
ト長調 G major			G C D D₇ G I IV V V₇ I
二長調 D major			D G A A₇ D I IV V V₇ I
イ長調 A major			A D E E₇ A I IV V V₇ I
ホ長調 E major			E A B B₇ E I IV V V₇ I
ロ長調 B major			B E F# F#₇ B I IV V V₇ I
嬰ヘ長調 F# major			F# B C# C#₇ F# I IV V V₇ I

調名	調号・音階	主要和音	
嬰ハ長調 C♯ major		C♯ F♯ G♯ G♯7 C♯	I IV V V₇ I
ヘ長調 F major		F B♭ C C7 F	I IV V V₇ I
変ロ長調 B♭ major		B♭ E♭ F F7 B♭	I IV V V₇ I
変ホ長調 E♭ major		E♭ A♭ B♭ B♭7 E♭	I IV V V₇ I
変イ長調 A♭ major		A♭ D♭ E♭ E♭7 A♭	I IV V V₇ I
変ニ長調 D♭ major		D♭ G♭ A♭ A♭7 D♭	I IV V V₇ I
変ト長調 G♭ major		G♭ C♭ D♭ D♭7 G♭	I IV V V₇ I
変ハ長調 C♭ major		C♭ F♭ G♭ G♭7 C♭	I IV V V₇ I

コード一覧表

メジャー

□

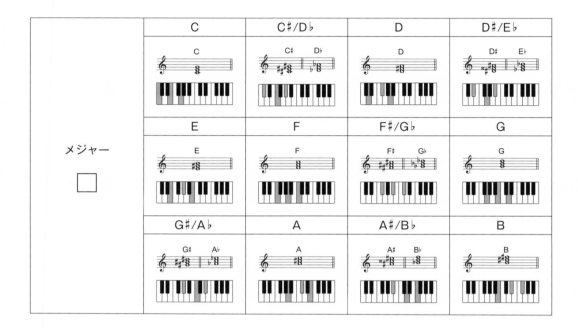

ドミナントセブンス

□7

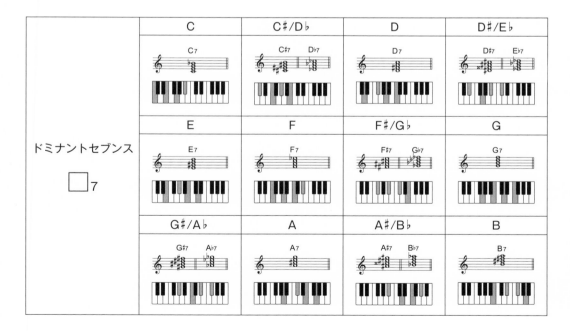

メジャーセブンス

□M7
(□maj7)

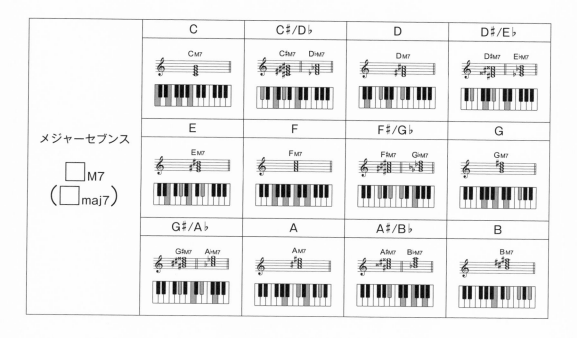

マイナー

□m

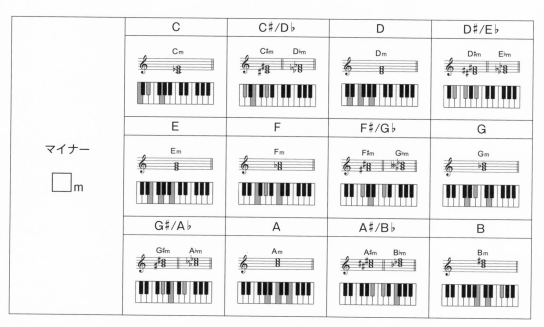

マイナーセブンス

□m7

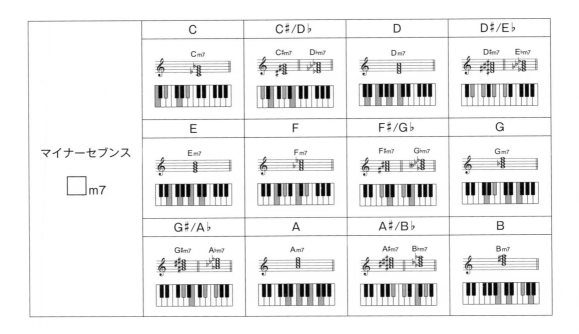

オーグメント

□aug

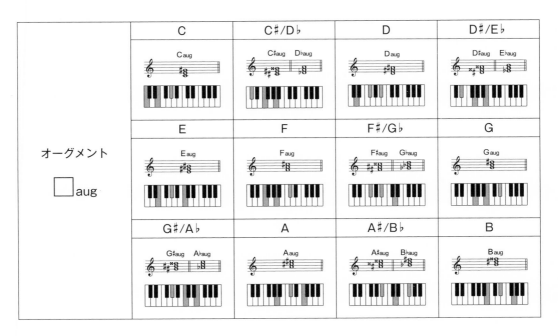

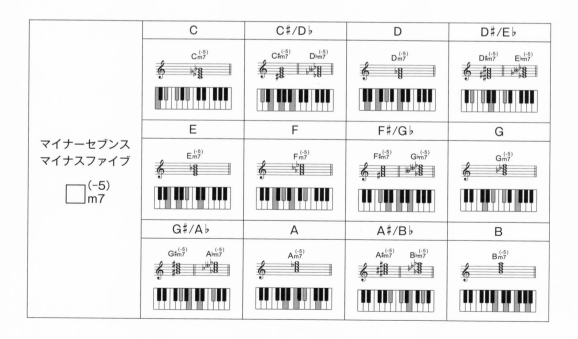

シックス

□6

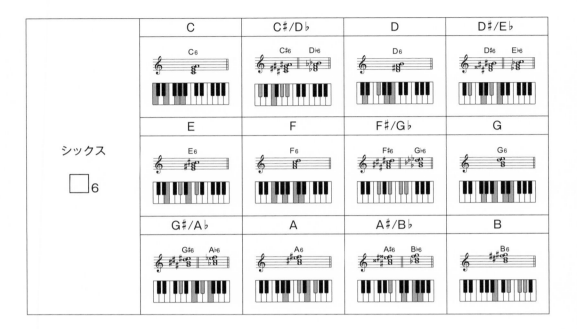

●著者略歴

中里南子（なかざと・みなこ）

武蔵野音楽大学音楽学部器楽学科有鍵楽器（ピアノ）専修卒業。千葉大学大学院教育学研究科修士課程音楽教育専攻修了後、東京藝術大学大学院音楽研究科研究生へと進む。宇都宮短期大学、東京成徳大学、鎌倉女子大学、明星大学などの非常勤講師、日本福祉大学、群馬大学准教授を経て、現在常磐大学人間科学部教授、明星大学通信教育部非常勤講師。

長谷川恭子（はせがわ・きょうこ）

武蔵野音楽大学音楽学部器楽学科有鍵楽器（ピアノ）専修卒業。武蔵野音楽大学大学院音楽研究科音楽教育専攻修了。武蔵野音楽大学大学院博士後期課程音楽教育専攻単位取得後退学。淑徳短期大学（現淑徳大学短期大学部）、聖心女子専門学校、帝京科学大学、群馬大学などの非常勤講師、実践女子大学助教を経て、現在秋草学園短期大学地域保育学科准教授、武蔵野音楽大学非常勤講師。

中村昭彦（なかむら・あきひこ）

群馬大学教育学部音楽専攻卒業。東京学芸大学大学院教育学研究科音楽教育専攻修了。第15回 TIAA 全日本作曲家コンクール室内学部門審査員賞受賞。日本女子大学非常勤助手、東京成徳大学、群馬大学などの非常勤講師、小田原短期大学講師を経て、現在淑徳大学総合福祉学部講師、武蔵野大学非常勤講師。

小野隆司（おの・たかし）

愛知県立芸術大学音楽学部作曲専攻中退、愛知県立芸術大学音楽学部声楽専攻卒業、愛知県立芸術大学大学院音楽研究科声楽専攻修了。愛知県立芸術大学大学院音楽研究科非常勤講師を経て、現在岡崎女子短期大学、名古屋短期大学、東海学園大学、日本福祉大学、近畿大学九州短期大学通信教育部非常勤講師。

おんがく　きそ　たの　ばんそう
音楽の基礎と楽しい伴奏
にゅうもんへん　ようちえんきょうゆ　ほいくし　しょうがっこうきょうゆ　ようせいこう
——入門編　幼稚園教諭・保育士・小学校教諭・養成校のために

発行日　2023 年 2 月 23 日　第 1 刷

編 著 者　中里南子
　　　　　長谷川恭子
著 　 者　中村昭彦
　　　　　小野隆司

発 行 人　池田茂樹
発 行 所　株式会社スタイルノート
　　　　　〒 185-0021
　　　　　東京都国分寺市南町 2-17-9-5F
　　　　　電話 042-329-9288
　　　　　E-Mail books@stylenote.co.jp
　　　　　URL https://www.stylenote.co.jp/

楽 譜 協 力　中村昭彦
装　　　幀　Malpu Design（高橋奈々）
カバーイラスト　うつみちはる
印　　　刷　シナノ印刷株式会社
製　　　本　シナノ印刷株式会社

© 2023 Nakazato Minako, Hasegawa Kyoko, Nakamura Akihiko, Ono Takashi   Printed in Japan
ISBN978-4-7998-0200-7　　C1037

拍子記号カード

リズムカード

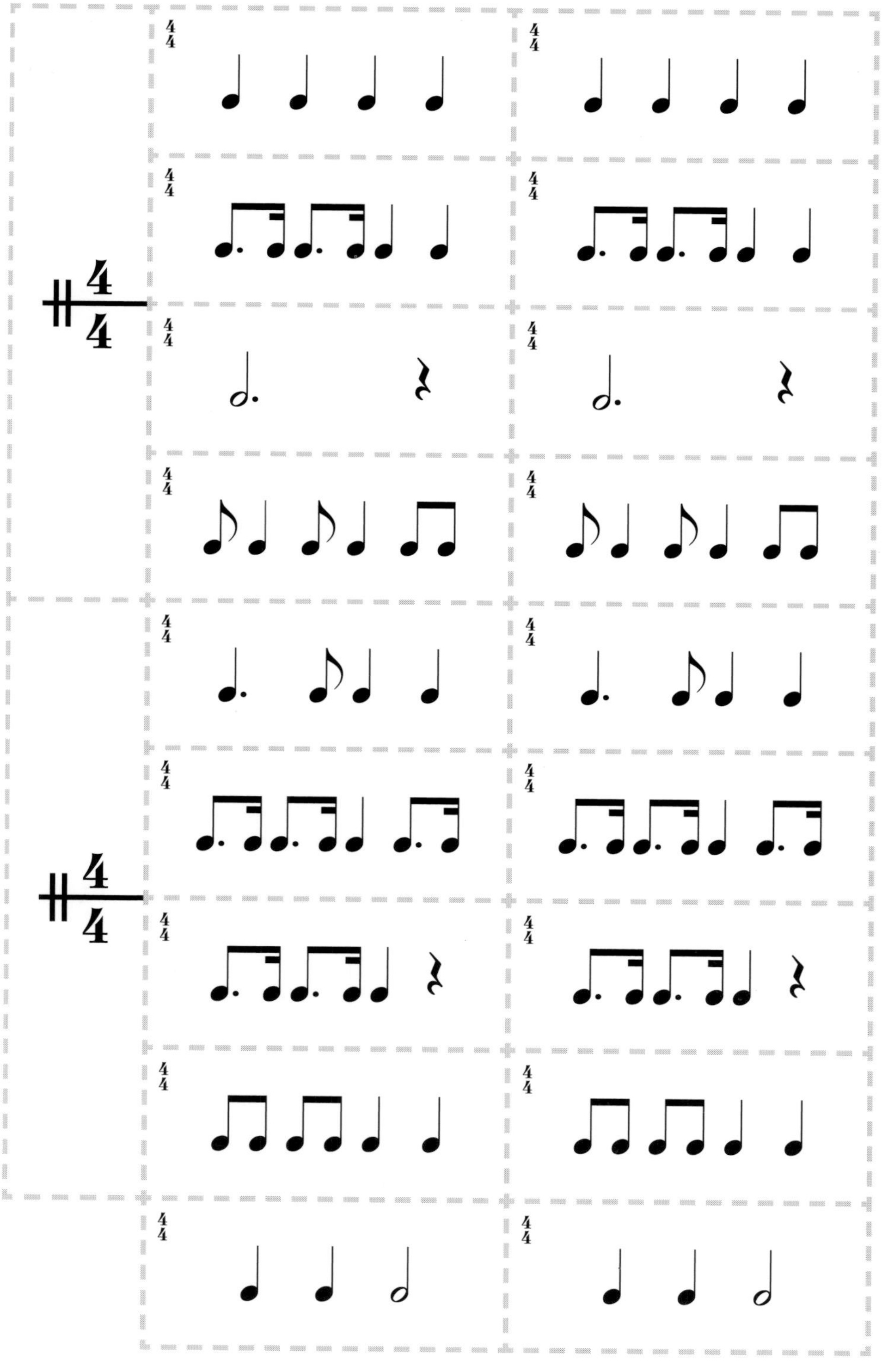

リズムカード

拍子記号カード

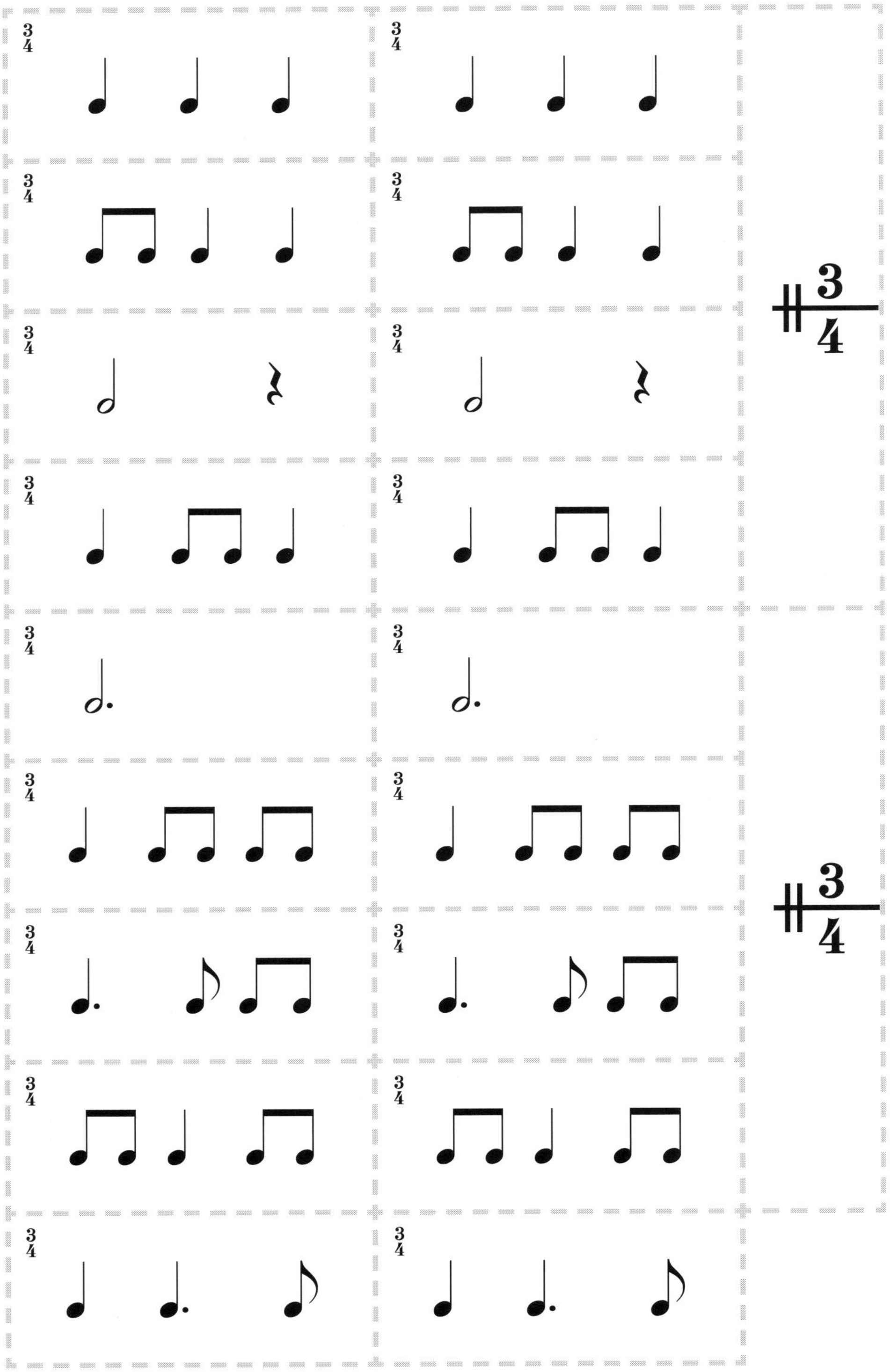

拍子記号カード

リズムカード

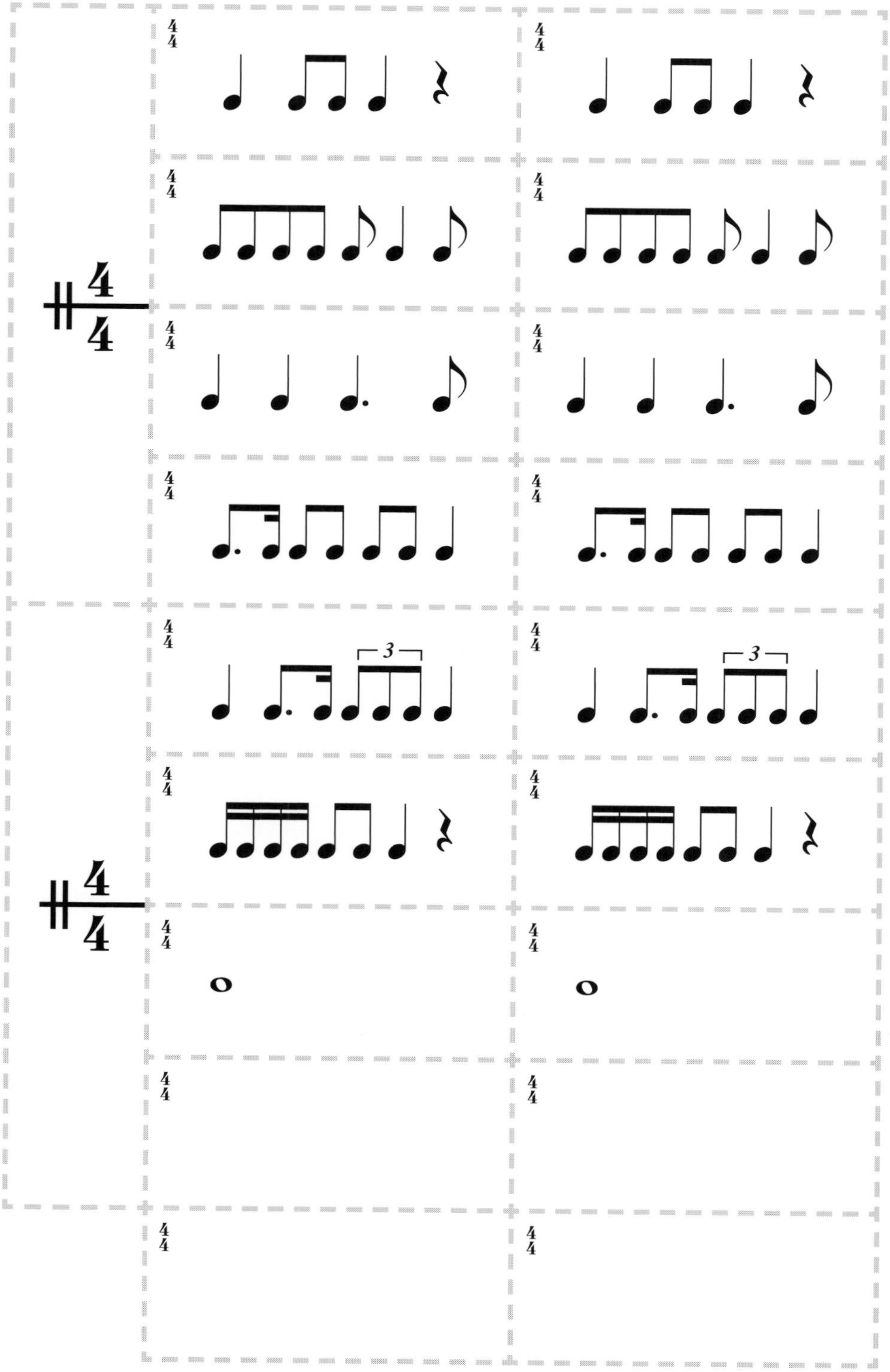

リズムカード   拍子記号カード

拍子記号カード   リズムカード

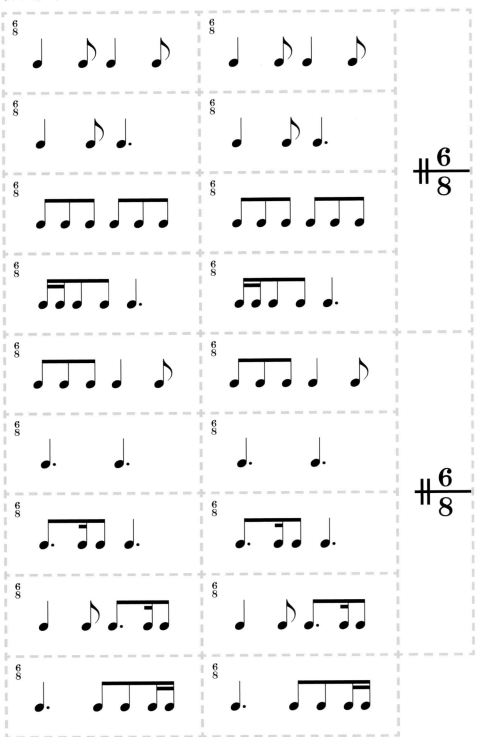

拍子記号カード   リズムカード

リズムカード　　　　　　　　　　　　　　拍子記号カード

リズムカード（予備）

キリトリ

楽譜カード

←拍子記号カードを置く

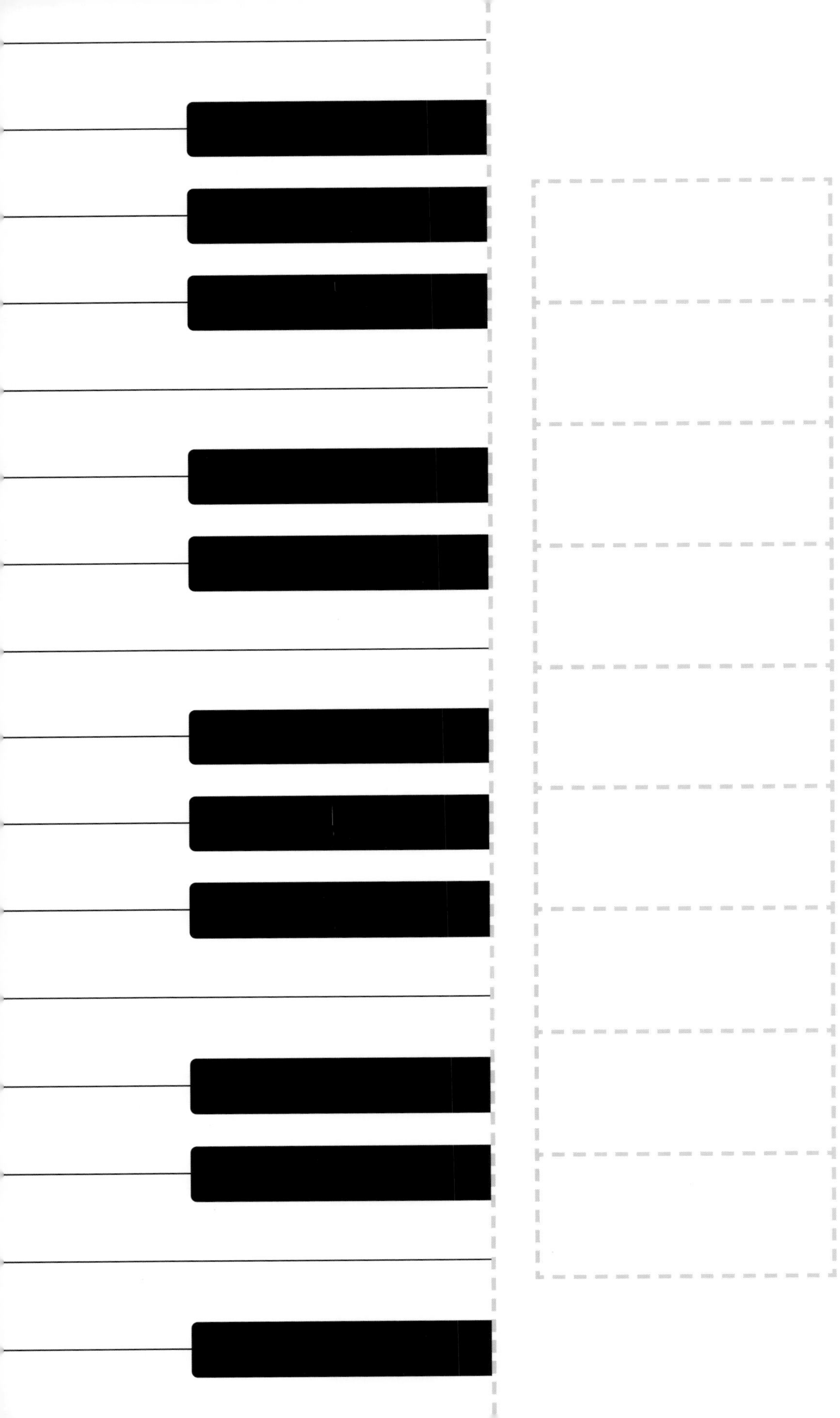